KB207096

물 위에 떠있는 공처럼

물 위에 떠있는 공처럼

글_묘원   사진_라상호

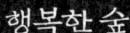

행복한 숲

차례

"물 위에 떠있는 공처럼"은 사단법인 상좌불교 한국명상원의 인터넷 카페에 올린 글을 모은 책입니다. 몇 년 동안 옹달샘이라는 제목으로 올린 글 중에서 일부를 발췌하여 책으로 펴내게 되었습니다.

옹달샘에 있는 글은 위빠사나 수행에 대한 구도의 기록입니다. 그간에 틈틈이 적은 글을 책으로 펴려 하니 부끄러움이 앞섭니다. 부족한 사람이 진리를 아는 것처럼 말하게 되어 송구스럽습니다. 좀 더 많은 사람들이 접할 수 있었으면 좋겠다는 요청에 미흡하지만 용기를 내게 되었습니다. 어느 평범한 수행자의 일상적인 마음으로 봐 주시기 바랍니다.

위빠사나는 붓다께서 깨달음을 얻으신 수행 방법이며 인류사에 많은 스승들이 가신 길입니다. 이 길은 몸과 마음에서 일어나는 것을 있는 그대로 알아차려서 탐욕과 성냄과 어리석음으로부터 벗어나서 행복을 얻는 것이 전부입니다. 행복을 얻는 길에 어떤 특정한 종교적 요구는 없습니다. 이 길은 누구나 반드시 가야하고 또한 누구나 갈 수 있는 자유로운 길입니다.

여기 실린 글은 계속 같은 말이 반복됩니다. 반복되는 내용을 통하여 차츰 이해의 지평이 넓혀질 것입니다. 내용의 중심은 항상 알아차리고, 바라지 말고, 없애려고 하지 말라는 것입니다. 이러한 내용은 무상과, 괴로움과, 무아의 지혜를 얻게 하여 번뇌로부터 해방되게 할 것입니다.

이 글은 역사적으로 위대하신 스승들이 밝히신 경전과 주석서를 바탕으로 한 것이며 스승으로부터 직접 지도받은 가르침을 따른 것입니다. 이따금 자의적인 표현이 있지만 오직 스승의 가르침에 따르고자 노력하였습니다. 만약 왜곡된 내용이 있다면 이는 글을 쓴 사람의 허물입니다.

이 글은 세속의 관점이 아닌 출세간의 관점에서 본 내용입니다. 그래서 처음 접하면 이해하기가 어려울 수도 있을 것입니다. 그러나 거듭 읽으면 차츰 무엇을 말하고자 하는지 이해할 수 있습니다. 처음부터 모든 것을 알려고 하지 않고 그냥 읽어나가다 보면 나중에는 무엇을 말하고자 하는지 알게 될 것입니다.

이 책에 실린 사진은 사진작가 라상호 님의 작품입니다. 제가 미얀마에서 수행을 한 이후에 사진작가를 모시고 수행과 여행을 할 기회가 있었습니다. 그래서 이 작품은 모두 미얀마라는 수행의 나라에서 이모저모를 담은 기록입니다. 한 장, 한 장의 사진이 글을 압도하는 엄숙한 진실을 보게 될 것입니다. 출판을 위해 많은 자료를 제공해주신 공덕에 재삼 감사드립니다.

이 책을 내는데 도움을 주신 많은 분들이 계십니다. 공덕을 쌓는 일 중에서 법 보시가 가장 큽니다. 부족한 글을 여러 사람들에게 소개할 수 있도록 법보시를 해주신 많은 분들에게 진심으로 감사드립니다. 부디 이 보시의 공덕으로 도과를 성취하시기를 기원합니다.

이 책이 나오기까지 편집부의 노력이 컸습니다. 특히 기획에서 교정과 교열에 이르기까지 전 과정을 진행해주신 황영희 님의 헌신적인 노력이 없었으면 이 책이 나올 수 없었습니다.

참여해주신 모든 분들에게 진심으로 감사드립니다.

묘원 올림

꽃이 피었나 했는데 벌써 지고 말았다.
그 아름다움이 간 곳이 없다.

꽃을 아름답다고 생각해서
시든 꽃을 추하게 여긴다.

시든 꽃은 할 일을 다 하고 가는
의젓한 법의 성품이 있다.

—본문 중에서

지금

외로울 때 막연히 손을 내밀어 보지만
누구도 잡아주지 않는다.

너무 고통스러워
몸을 떨면서 기다려 보지만
누구도 나를 구원해주지 않는다.

돌이켜 보면 평생을 이렇게 살았다.
그런데 지금도 이렇게 살고 있다.

예나 지금이나 황량한 들판에 서서
누군가를 기다리고 있다.

기다리다 지쳐 돌이켜보니
이제 어떤 손길도 없다는 것을 안다.

쓸쓸한 마음을 알아차리고
가만히 가슴의 허전함을 지켜본다.

숨쉬기조차 갑갑한 방에서
그냥 지금을 본다.

내가 외로울 때 알아차림이 없었고
고통스러울 때도 알아차림이 없었다.

이제 알아차림으로
어두운 방을 가득히 채우고
조용히 정적을 지켜본다.

달과 별을 보는 마음

달을 볼 때
달을 보는 마음을 보라.

별을 볼 때
별을 보는 마음을 보라.

달과 별을 보고
아름다움에 빠지는 것은
법을 보는 것이 아니다.

달과 별을 보는 마음을 볼 때
비로소 높은 법을 보는 것이다.

추억

추억은 깨진 도자기의 잔해들이며
과거의 기억이다.

추억은 과거의 영화이며
그립고 괴로운 기억이다.

과거에 사로잡힌 것은
할 일을 잊고 방황하는 것이다.

지나간 것은 돌아오지 않고
단지 현재의 교훈일 뿐이다.

샘물

무명은 고통의 샘물이며
지혜는 행복한 샘물이다.

무명은 모양에 걸려 시비하지만
지혜는 성품을 보아 시비가 없다.

무명은 눈 뜬 장님이어서
감각적 욕망을 추구하지만

지혜는 대상을 있는 그대로 보아
그물에 걸리지 않는 바람이다.

어느 날 문득

어느 날 문득 지난 날들을 돌아보니
모두 장난이 아니다.

한 순간도 연습이 없고
모두가 진실이었다.

무엇을 하는지 모르고 산 날들
무엇을 하는지 모르고 한 일들

무심코 한 일이지만
모두 진실이었다.

지금 진실을 알았어도 이 순간이 지나면
다시 미혹의 세계로 간다.

조화

내가 최고라는 생각을 가지고
내 방식대로만 살면 안 된다.

세상이 있어 내가 있고
내가 있어 세상이 있다.

세상과 내가 조화를 이루어
나와 남이 함께 살아야 한다.

이익

칼은 이로움과 해로움이 함께 있다.
세상의 인심은 날카로운 칼과 같다.

세상의 인심에 반응하면
칼에 베어서 상처를 입고

세상의 인심에 반응하지 않으면
칼을 이롭게 써서 이익을 얻는다.

무지하면 자신의 이익만 알고
지혜가 있으면 나와 상대의 이익을 함께 안다.

자신의 이익을 떠나서 대상을 받아들일 때만
가장 진실한 것이며 더 큰 이익을 얻는다.

움켜쥘수록 더 큰 손실이 오고
베풀수록 이익이 생긴다.

적

자신의 가장 큰 적은
밖에 있지 않다.

자신의 마음이
가장 큰 적이다.

깨끗한 행복

깨끗한 행복은 몸과 마음을 알아차려서
일곱 가지 청정으로 얻는다.

알아차리면 계율이 청정해져서
마음이 청정하고, 견해가 청정해지며

모든 것은 원인이 있어서 생긴 결과라고 알아
의심에서 해방되는 청정에 이르고

수행 중에 나타나는 번뇌를 알아차려서
도와 도가 아닌 것을 구별하는 청정에 이르고

선정의 고요함과 위빠사나의 지혜를 얻어
도를 실천 하는 청정에 이른다.

도과에 이르는 통찰지혜의 청정에 이르러
열반을 성취하면 깨끗한 행복을 얻는다.

용서 했는가?

나는 다 용서하고 산다.
그러나 사실은 용서하지 못하고 있다.

생각은 용서해야 된다고 하면서도
아직 용서를 못하고 있다.

이미 오래 전에 버린 것들인데도
사실은 아직도 버리지 못하고 있다.

아직도 용서하지 못하는 내가
용서하는 나를 속이고 있다.

좋은 것

탐욕을 부리는 것보다
관용으로 받아들이는 것이 좋다.

선하지 못한 마음보다는
선한 마음이 이롭기 때문이다.

화를 내는 것보다
자애로운 마음을 갖는 것이 좋다.

이익이 없는 것보다는
이익이 있는 것이 낫기 때문이다.

어리석은 것보다
지혜가 있는 것이 좋다.

고통을 겪는 것보다는
행복한 것이 좋기 때문이다.

경험

달을 건지려고 물에 빠져본 사람이
물에서는 달을 건질 수 없다고 안다.

실패를 해본 사람이 성공의 가치와
성공할 수 있는 방법을 안다.

불행을 통해서 행복을 알고
행복이 바로 불행이라는 것을 알면

모두 과정임을 알아
어디에도 걸리지 않는다.

좋은 경험이나 나쁜 경험이나
해탈에 이를 때까지는 단지 과정이다.

괴로워하지 마십시오

너무 괴로워하지 마십시오.
지금은 괴롭지만 다음에는 괴롭지 않습니다.
모든 것은 과정입니다.

죽지 않고 살아만 있다면
언젠가 웃을 날이 있습니다.
괴로움은 한 순간의 느낌입니다.

너무 괴로워하지 마십시오.
원래가 괴로운 것입니다.

세상은 참기 어려운 것들로 가득 차 있고
피할 수 없어 괴로운 것입니다.

괴로움은 단지 알아차릴 대상입니다.
있는 괴로움을 그대로 받아들여야만
괴로움에서 벗어날 수 있습니다.

바람과 이슬

바람이 불어도 물이 없으면
파도가 일어나지 않는다.

바람이 불어도 나무가 없으면
나뭇잎이 흔들리지 않는다.

아침 이슬이 영롱함은
아침을 비추는 태양 때문이며

저녁 이슬이 있어도
영롱함을 모르는 것은
밝은 태양이 없기 때문이다.

이해

세상을 살면서 나를 이해해주는
단 한사람을 얻기가 어렵다.

사람은 각자의 마음과
축적된 성향을 가지고 있다.

그래서 모두 자기 생각만 하며
남이 자기와 같아 주기를 바란다.

남이 나를 이해해 주지 못하면
자신이 스스로를 이해해야 한다.

내가 나를 이해하면
비로소 남을 이해할 수 있다.

흐름

매일 떠오르는 해가 같지 않은 것은
달의 모양이 같지 않은 것으로 안다.

시간이 흐르는 것은
거울에 비친 주름살을 보고 안다.

흐르는 것을 붙잡을 수 없듯이
흐르는 마음도 붙잡을 수 없다.

흘러가는 것이 무상이며
변하기 때문에 괴롭고
그것을 붙잡을 수 없으니 무아다.

시련

어떤 시련이 와도 있는 그대로 받아들이십시오.
시련이 오히려 당신을 견고하게 할 것입니다.

결코 일어나지 말아야 할 일이 일어난 것 같지만
일어날 수밖에 없는 조건에 의해 일어난 것입니다.
원인이 없는 결과는 없고 원인은 항상 자신이 만듭니다.

나 혼자만 겪는 시련이 아닙니다.
모든 사람이 겪는 아픔입니다.

오늘 내가 겪고 있는 시련은 단지 괴로운 느낌입니다.
느낌은 늘 변하고 그것을 아는 마음도 변합니다.
변하는 마음이 내 마음이 아니면 시련도 나의 것이 아닙니다.

자신이 본다.

누군가 보는 사람이 없다고 해서
함부로 행동해서는 안 된다.

자신이 하는 일은
자신이 지켜본다.

자신이 하는 일은
자신이 증인이다.

행복은 누가 주는가

행복을 가로막는 자는 남이 아니다.
행복은 밖에서 오지 않고 스스로가 만든다.

세속의 행복은 감각적 쾌락이다.
수행자의 행복이 진정한 행복이다.

행복한 자는 행복을 구하지 않고
단지 알아차리는 것으로 행복을 얻는다.

내면의 여행

생명은 한 순간에서 다시 다음 순간으로
한 생에서 다시 다음 생으로 연결된다.

다음 생은 같은 몸과 마음이 아니고
이미 일으킨 행위에 대한 과보로 생긴다.

이러한 몸과 마음의 실재를 알기 위해서는
반드시 몸과 마음을 대상으로 알아차려야 한다.

내면의 여행이란 자신의 몸에 마음을 기울이고
마음에 마음을 기울여서 알아차리는 것이다.

몸과 마음에서 일어나는 현상만이
가장 진실한 실재다.

내가 겪은 것이 아니다

오늘 내가 겪은 일은
내가 겪은 것이 아니다.

순간의 마음이 경험하고
그 순간은 이미 사라졌다.

즐거움이나 괴로움을
내 것이라 생각해서 불만족스럽다.

마음은 일어났다가 사라지며
거기에 나는 없다.

마음은

마음은 허공이다.
허공은 모양과 색깔이 없지만
해와 달과 별을 안고 있다.

마음은 바람이다.
바람은 흔들리는 나뭇잎 사이로
계절을 전한다.

마음은 화가다.
화가는 사랑하는 사람의
마음을 그린다.

마음은 음악가다.
음악가는 즐거움과
슬픈 노래를 부른다.

사랑하는 사람을 위하여

'당신을 사랑합니다.' 라고 말하기 전에
무슨 마음으로 사랑하는지 알아차리십시오.

집착하는 마음으로 사랑하는지
자애로운 마음으로 사랑하는지

사랑하는 사람에게 바라는 것이 있으면
이해에 따라 쉽게 무너져 버립니다.

조건 없는 사랑이 가장 진실한 사랑입니다.
사랑하기 때문에 아무것도 바라지 않아야 합니다.

세상의 일

매사에 적극적인 사람은
하는 일도 많지만
포기하는 것도 빠르다.

매사에 소극적인 사람은
하는 일이 적고
포기하는 것도 쉽지 않다.

세상의 일은 어느 것이 좋다거나
나쁘다고만 말할 수 없으므로
열심히 노력해야 한다.

모양

모양에 집착하면
누에고치 안에 있는 공간밖에 모른다.

모양을 버리면
누에고치 밖에 있는 창공을 본다.

고정관념을 가지고 보면
대상의 실재하는 성품을 볼 수 없다.

껍질에 걸리지 않고
안과 밖을 소통하는 것이 해탈이다.

화려함

세상의 화려함에는
화려한 만큼의 고뇌가 있다.

화려함이 나라고 여겨 갈망하고
화려함이 사라지면 괴로움에 빠진다.

화려함은 내 것이 아니고
그림자 같은 것이다.

집착 없는 자유가 진실로 화려하며
홀로 가는 수행자가 가장 화려하다.

값진 것

성공하고 교만해지는 것보다
실패하고 지혜를 얻는 것이 더 값지다.

헤어지는 슬픔으로 비탄에 빠지기보다
만나면 헤어진다는 지혜가 더 값지다.

계율을 지켜 청정함이 값지며
고요하여 지혜를 얻음이 값지며
번뇌를 불태움이 가장 값진 것이다.

세상의 일과 자신의 일

세상에는 세상의 일이 있고
내게는 나의 일이 있다.

남의 일과 자신의 일을 구별해야
번뇌의 괴로움을 겪지 않는다.

남의 일에 시비를 하지 않으면
남이 내 일에 시비하지 않는다.

물 위에 떠있는 공처럼

알아차림은 물 위에 떠있는 공처럼
항상 대상과 함께 있다.

찰랑거리는 물과 함께
항상 현재에 머문다.

과거는 아쉬움과 회한이며
미래는 두려움과 불안이다.

현재의 대상을 알아차릴 때만이
번뇌를 여의고 행복을 얻는다.

하나에 걸리면

하나에 걸리면 다른 것에도 걸리지만
하나에 걸리지 않으면 다른 것에도 걸리지 않는다.

관념으로 보면 무엇에나 걸리지만
실재를 알면 무엇에도 걸리지 않는다.

선하지 못하면 모든 것에 걸리지만
선하면 아무것에도 걸리지 않는다.

하나를 잘하는 사람은 열 가지를 잘하고
하나를 못하면 아무것도 못한다.

하나가 모든 것과 통하는 것은
일하는 마음은 하나이기 때문이다.

꽃이 피고 지다

꽃이 피었나 했는데 벌써 지고 말았다.
그 아름다움이 간 곳이 없다.

꽃을 아름답다고 생각해서
시든 꽃을 추하게 여긴다.

꽃은 때가 되면 피고
때가 되면 시든다.

시든 꽃은 할 일을 다 하고 가는
의젓한 법의 성품이 있다.

교육

교육은 자애로워야 한다.
탐욕으로 가르치면 교육이 아니다.

이익과 손실이 무엇인지를 알려주고
자신이 선택할 수 있도록 해야 한다.

말을 들어야 할 의무도 있지만
때로는 듣지 않을 권리도 있다.

축적된 성향은 바꿀 수 없다.
이런 현실을 수용할 때가 교육이다.

미워하고 좋아하지 마십시오

바라는 것이 많으면 상대를 미워합니다.
서로에게 고통이므로 미워하지 마십시오.

미울 때는 미워하는 마음을 알아차리십시오.
그러면 마음의 뿌리가 갈애라는 것을 압니다.

바라는 것이 많으면 상대를 좋아합니다.
서로에게 고통이므로 좋아하지 마십시오.

좋을 때는 좋아하는 마음을 알아차리십시오.
그러면 좋아하는 마음의 뿌리가 무지인 것을 압니다.

나

나는 부르기 위한 명칭이지
실재하는 존재가 아니다.

나는 태어날 만한 원인이 있어 생겨난 결과로
단지 정신과 물질의 결합체이다.

업의 과보로 생긴 오온을
편의상 나라고 부른다.

내가 있다고 생각하여 목숨을 걸고
실패하면 슬픔에 잠긴다.

내가 있다면 원하는 것을 모두 얻을 수 있어야 한다.
내 마음대로 할 수 있는 그런 나는 없다.

허물

자신의 허물이 적은 사람이
상대의 허물에 대해서도 관대하다.

자신의 허물이 큰 사람은
상대의 허물을 용서하지 못한다.

자신의 허물을 보지 못하기 때문에
상대의 허물만 본다.

자랑하거나 비난하는 일로
허물을 짓고 있지 않은가 봐야 한다.

허물을 알아차리면 이미 허물이 아니며
알아차리지 못하는 허물로 남는다.

선택

좋은 일도 원해서 하고
나쁜 일도 원해서 한다.

좋은 마음이면 좋은 것을 원하고
나쁜 마음이면 나쁜 것을 원한다.

어떤 마음을 먹거나
자신이 원해서 선택한다.

알아차림

알아차림은 하고 있는 일에 마음을 보내서
주시하고 이를 지속하는 행위이다.

하고 있는 일을 알아차리는 순간에는
과거나 미래를 생각하지 않는다.

알아차림은 들떠서 방황하는 마음을 막아
번뇌를 예방한다.

알아차림은 소금이나 양념과 같이
모든 일을 처리하는 일꾼이다.

마음은 알아차림으로 청정해지며
알아차림은 마음을 보호한다.

몸과 마음에 대한 알아차림이 확립되면
집을 받치는 기둥이고, 문을 지키는 문지기다.

알아차림이란 표가 없으면
행복으로 가는 차를 탈 수가 없다.

성품

알아차림이 지속되면
집중력이 생겨 성품을 본다.

집중의 힘이 생기면
감각기관도 변하고,

대상도 변하는 것을 아는
지혜가 난다.

모든 것은
일어나서 사라진다.

문지기

알아차림은 감각기관의 문에서
문을 지키는 문지기다.

문지기가 문을 지키면
도둑이 들어오지 못한다.

탐진치라는 도둑이 들어오면
주인 행세를 한다.

도둑은 괴로움을 만들며
끝없는 윤회를 하게 한다.

59

삶과 이별할 줄 아는 마음

죽음은 어느 때나 예고 없이 오는 것
자신의 삶과 이별할 준비를 해야 한다.

언제 어떻게 죽는가는 중요하지 않다.
어떤 마음가짐으로 죽는가가 중요하다.

내가 죽는 것이 아니다.
현재의 원인이 미래로 간다.

죽음을 두려워하지 말고
선하지 못한 것을 두려워해야 한다.

모르고 아는 것

모르면 없는 것을 있다고 하고
있는 것을 없다고 한다.

모르면 틀리게 말하고
남의 말을 그대로 믿는다.

알면 없는 것은 없다고 하고
있는 것은 있다고 한다.

알면 바르게 말하고
남의 말에 속지 않는다.

모르면 당하고
알면 당하지 않는다.

하늘처럼 땅처럼 나무처럼

하늘은 거기 있지만
자기를 뽐내지 않는다.

땅은 만물을 태어나게 하면서
거부하지 않는다.

나무는 말없이 서서
모두에게 필요한 것을 준다.

수행자가 대상을 알아차리면
하늘처럼 땅처럼 나무처럼 산다.

세월

옛날 같기를 바라지 마라.
시절도 변하고 마음도 변했다.
현재 있는 그대로가 가장 진실한 것이다.

마음 알아차리기

마음은 흐르는 물처럼
매순간 변하며 표류한다.

마음이 물처럼 흐르지만
때로는 역류하기도 한다.

역류하는 마음을 없애려하지 말고
있는 그대로 알아차려야 한다.

탐욕, 성냄, 어리석음도 알아차릴 마음이고
관용, 자애, 지혜도 알아차릴 마음이다.

즐거워하지 마십시오

너무 즐거워하지 마십시오.
지금의 즐거움이 다음에는 괴로움입니다.

즐겁다고 기뻐하는 순간부터
더 큰 기쁨을 탐내게 됩니다.

즐거움은 그 자리에 있지 않습니다.
일어난 순간에 사라집니다.

즐거움을 알아차리지 못한다면
더 큰 즐거움을 찾아 방황합니다.

흙탕물

욕망을 없애기 위해서
다시 욕망을 사용해서는 안된다.

흙탕물을 없애기 위해서
다시 흙탕물을 끼얹어서는 안 된다.

있는 그대로 알아차리는 것이
맑은 물을 끼얹는 것이다.

가지 말아야 할 곳

가지 말아야 할 곳에 가서
괴롭지 않으려고 하면 잘못이다.

가지 말아야 할 곳에 가서 겪는
괴로움이 있다면 기꺼이 감수해야 한다.

개입

남을 돕되 상대의 시련에 개입하지 마라.
시련은 지혜를 얻을 수 있는 기회이다.

고통은 자기가 한 일에 대한 결과다.
결과를 체험하는 것이 나쁜 것이 아니다.

상대의 일에 지나치게 개입하면
좋은 기회를 박탈하는 것이다.

남을 도울 때 연민이 지나치면
자신과 남이 모두 손실을 입는다.

한 때

모든 것은 과정이다.
즐거움도 한 때고
괴로움도 한 때다.

모든 것이 한 때인 것을
무상이라고 한다.

고

변하기 때문에 괴로우며
괴로움은 불만족이다.

불만족은 하찮은 것이지만
문제로 삼기 때문에 괴롭다.

존재한다는 것이 불만족인데
이것을 없애려고 해서 괴롭다.

괴로움을 있는 그대로 알아차리면
이미 괴로움이 아니다.

범부와 성자

범부는 내가 있다고 생각하여
얻기 위해 잘못을 저지르며,

가지면 가진 만큼 교만하고
알면 아는 만큼 자아가 강하다.

성자는 내가 없다고 생각하여
바람이 없이 구하며,

가져도 교만하지 않고
알면 아는 만큼 겸손하다.

무아

나는 죽지 않기를 바라지만 죽어야 한다.
호흡을 계속하고 싶어도 할 수가 없다.

나는 병이 나기를 원하지 않지만
병으로부터 자유로울 수가 없다.

내가 있다면 무엇이나 할 수 있겠지만
마음대로 할 수 있는 것이 별로 없다.

마음은 있지만 나의 마음이 아니며
매 순간 변하는 마음만 있다.

지혜는 끊는 것

알아차림은 대상을 겨냥하는 행위이고
지혜는 대상을 끊는 행위이다.

모르면 번뇌를 움켜잡고 있지만
알면 번뇌를 붙잡지 않고 끊어 버린다.

지혜가 나면 전기불이 켜진 것처럼
무엇이 번뇌인지 알아 집착을 끊는다.

책임

책임지겠다고 말하지만 누구도 책임질 수 없다.
책임지겠다고 말하는 순간의 나도 내가 아니며
책임져야 할 일이 있을 때의 나도 내가 아니다.

책임지겠다는 것은 단지 그렇게 하겠다는 바람이다.
조건은 항상 변하며 내 의지대로 되지 않는다.
책임지겠다고 말하지 말고 책임을 묻지도 말아야 한다.

말

지위로 말하지 말고
돈으로 말하지 말고
관념으로 말하지 마십시오.

욕망으로 말하지 말고
화를 내면서 말하지 말고
어리석음으로 말하지 마십시오.

관용으로 말하고
자애로 말하고
지혜로 말을 하십시오.

말하면 듣고
물으면 대답하고
좋은 말이면 받아들이십시오.

사랑과 죽음

사랑과 죽음은 다르다.
사랑은 소유며 죽음은 소멸이다.

죽음을 슬퍼하는 것은 관념이며
지혜로 본 죽음은 무상이다.

죽음은 단지 부드럽다가 단단해진 것이며
따뜻하다 차갑고, 움직이다 움직이지 않는 것이다.

사랑하는 사람의 죽음을 슬퍼하지 말고
사랑하기 때문에 미련 없이 떠나도록 해야 한다.

자신의 삶과 이별할 준비가 되었을 때만이
사랑하는 사람의 죽음도 받아들일 수 있다.

무지

무지는 모르는 것이며
모르면 맹목적이다.

무지는 깊은 망상이다.
몰라서 나쁜 것을 얻으려 한다.

모르면 옳은 것을 옳지 않다고 하며
옳지 않은 것을 옳다고 한다.

무지는 모든 불선의 근원이라서
무지에서 벗어나려 하지 않는다.

과거와 현재와 미래

과거는 현재의 원인이고
현재는 과거의 결과이다.

현재는 미래의 원인이고
미래는 현재의 결과이다.

과거, 현재, 미래의 지속은
원인과 결과로 상속된다.

수행자는 현재의 대상을 알아차려서
미래의 결과를 만들지 않는다.

누가 괴로운가

누가 괴로운가
괴로운 나는 있는가?

괴로움은 나의 괴로움이 아니고
원인이 있어 생긴 결과다.

괴로움은 나의 마음이 아니고
순간의 마음이다.

괴로움은 나의 느낌이 아니고
순간의 느낌이다.

괴로움은 내가 느끼는 것이 아니고
감각기관이 느끼는 것이다.

복

인간에게 복을 주는 절대자는 없다.
자신의 복은 스스로가 노력해서 얻는다.

누군가가 복을 준다면 그의 노예가 되어
평생 동안 복종하면서 살아가야 한다.

어리석으면 빌어서 복을 받으려 하고
지혜로우면 스스로 행복을 만든다.

"복 많이 받으세요"라고 말할 것이 아니라
"복 많이 지으세요"라고 기원해야 한다.

진실

진실은 언제까지나 감출 수 없다.
조건이 성숙되면 스스로 드러난다.

송곳을 자루에 감추기 어렵듯이
진실은 노력하지 않아도 스스로 드러난다.

병

누구나 하나같이
마음의 병을 앓는다.

선한 자는 선한 병을 앓고
불선한 자는 불선한 병을 앓는다.

가진 자는 가진 자의 병을 앓고
못 가진 자는 못가진 자의 병을 앓는다.

수행자는 수행자의 병을 앓고
스승은 스승의 병을 앓는다.

알아차리는 마음에는 병이 없지만
알아차리지 못하는 마음에는 병이 있다.

탐욕은 병든 마음이다

탐욕은 해로운 마음에 뿌리를 두고 있어
몸과 마음을 병들게 한다.

탐욕은 미세한 집착으로부터
강한 열망에 이르기까지 종류가 많다.

탐욕은 자신의 이익을 우선하고
얻어도 만족할 수 없는 병든 마음이다.

탐욕으로 얻은 이익은 손실로 가며
탐욕은 언제나 분노와 함께 있다.

아름다운 것

모양이 아름답다고 해서
아름다운 것이 아니다.

진실한 것이 아름다운 것이며
지혜가 가장 아름다운 것이다.

화가 화를 부른다

화는 무지에 뿌리를 두고 일어나며
자극을 받아 일어나기도 하고
자극 없이도 일어난다.

화는 악한 의도를 가졌을 때 일어나며
남이 잘못되기를 바라고
잘못되면 즐거워한다.

화는 화를 먹고 자라기 때문에
타인의 성공이 고통스러우며
뜨거움이 일어나 지옥불을 체험한다.

참기 어려운 일

세상은 참기 어려운 일로 가득 차서
원래가 괴로운 것이다.

바라는 마음이 있으면 집착을 하고
얻어도 만족할 수 없어서 고통을 겪는다.

세상일은 원래 참기 어려운 것이므로
있는 그대로 받아들여야 한다.

바라는 마음

바라는 것이 없는 사람은 과장하지 않고
비굴하지 않아서 당당하다.

바라는 것이 많은 사람은 집요하여
얻지 못하면 화를 낸다.

누구나 이상은 있어야 하지만
욕망은 이상이 아니다.

바라기 때문에 마음이 상하고
서로 비판하여 빨리 헤어지게 된다.

바라지 않으면 퇴보하는 것 같지만
정신적 안정과 고요함을 얻는다.

될 일은 바라지 않아도 이루어진다.
바라기 때문에 일을 그르칠 수 있다.

장애

장애를 없애려고 하면
장애로 남는다.

그러나 장애를 알아차리면
이미 장애가 아니고 지혜다.

법의 맛

이 세상에서 가장 좋은 맛은
수행을 해서 얻는 법의 맛이다.

법은 항상 그 뜻이 잘 나타나 있으며
지금 이 곳에서 경험할 수 있고

시간을 지체하지 않으며
와서 보라고 할 수 있는 것이고

열반으로 이끌어 줄 뿐만 아니라
현명한 사람에 의해 직접 체험이 된다.

대상을 있는 그대로 알아차려야
바람처럼 자유로운 법의 맛을 본다.

고양이 같은 마음

선하지 못한 마음은
쥐를 대하는 고양이와 같다.

고양이가 쥐를 보면
날쌔게 덮치듯이

선하지 못한 마음은
즐길 대상을 날쌔게 덮친다.

선하지 못한 마음은
즐길 거리를 찾아 배회한다.

유명한 것과 훌륭한 것

유명한 것과 훌륭한 것은 다르다.
유명한 만큼 더 세속적일 수 있다.

훌륭해서 유명하기도 하지만
세속적이어서 유명하기도 하다.

유명해지려고 해서 훌륭하지 않으며
유명해지기를 바라지 않아서 훌륭하다.

비난

남을 비난하면
자신도 비난의 대상이다.

상대의 일은 그의 일이지
내 일이 아니다.

남이 나를 비난할 때도
비난하는 사람의 일이다.

남의 비난을 받아들이면
지혜의 눈이 생긴다.

유신견

갈애와 집착이 있는 사람은
나쁜 세계나 좋은 세계로 갈 수 있지만

유신견을 가진 사람은
나쁜 세계로만 간다.

갈애와 집착이 있다고 해도
언젠가 깨달음을 얻을 수 있지만

유신견을 가진 사람은
결코 깨달음을 얻을 수 없다.

콩알만한 유신견이라도 있으면
열반을 성취할 수 없다.

100

자신이 만든다

번뇌도 자신이 만들고
지혜도 자신이 만든다.

불행도 자신이 만들고
행복도 자신이 만든다.

불행은 감각적 욕망으로 생기며
행복은 수행의 지혜로 얻는다.

나쁘기 때문에 좋아질 수도 있지만
나쁘기 때문에 더 나빠질 수도 있다.

삶은 외부에 의해 결정되지 않고
자신의 마음가짐이 결정한다.

충고

상대가 고통을 호소할 때는
충고를 구하려고 말하는 것이 아니다.

상대가 고통스럽다고 말하는 진의는
자신의 입장을 이해해 달라는 것이다.

이런 의도를 모르고 충고를 하면
상대의 화를 부추길 수 있다.

누구나 자신의 허물을
인정하지 않는다.

상대가 불을 가지고 말할 때는
평온하게 들어주어야 불이 꺼진다.

참는 것

인내한다고 해서 무조건 참는 것이 아니다.
참지 말아야 할 것과 참아야 할 것이 있다.

선하지 못한 일은 일어나지 않도록 참고
선한 일은 참지 말고 즉시 실천해야 한다.

참아야 할 일을 참는 것은 노력이며
해야 할 일을 하는 것도 노력이다.

무엇이 성공인가

계율을 지키는 자는 목표에 이르지 못했어도 성공한 자다.
지금 이후나 다음 생에 좋은 결과가 상속되기 때문이다.

계율을 지키지 않는 자는 목표를 성취했어도 실패한 자다.
지금 이후나 다음 생에 나쁜 결과가 상속되기 때문이다.

세상에서 말하는 성공은 재산과 사회적 지위와
명예이지만 이것들은 진정한 성공이 아니다.

부당한 방법으로 이룬 재산과 명예는 썰물처럼 사라지며
선한 노력으로 이룬 것만이 진정한 가치가 있다.

진정한 성공은 자신의 번뇌를 해결하는 지혜를 얻어
고통에서 벗어나 평안한 마음을 갖는 것이다.

아는 사람

아는 사람은 몸과 마음을 안다고 하지만
모르면 증명할 수 없는 것을 안다고 한다.

알면 성품을 봄으로써 시비가 없지만
모르면 모양에 걸려 시비가 일어난다.

안다는 것은 몸과 마음에는 원인과 결과가 있고
이것이 항상 생멸하는 것을 아는 것이다.

지혜의 눈

지혜의 눈으로 정신과 물질을 보면
정신과 물질이 변하는 것만 있다.

변하기 때문에 괴로움을 알고
무아를 아는 것이 지혜의 완성이다.

지혜가 없으면 내가 변한다고 알고
내가 느끼고 행동한다고 안다.

지혜는 전에 들어 보지 못한 법들에 대한
눈과 지혜와 통찰지와 영지와 광명을 준다.

도둑

대상의 아름다움에 빠져 집착하면
자신의 계율과 고요함을 도둑질 당한다.

대상을 미워하여 화를 내면
화가 화를 일으켜 도둑을 이롭게 한다.

무지한 상태에서 대상을 알아차리지 못하면
도둑에게 안방을 내준다.

집착하는 것을 알아차리지 못하면
도둑이 주인 행세를 한다.

자신의 계율과 고요함을 도둑질하는 것은
남이 아니고 자신의 마음이다.

알아차리면 도둑을 지키지만
알아차리지 못하면 도둑에게 문을 열어준다.

새싹

무엇이 옳은지 알고
알았으면 실천한다.

버릴 것은 버려야
그 자리에서 새싹이 난다.

돈

돈은 공기와 물처럼 생존의 요소이다.
그러나 돈에는 욕망의 속성이 있어
사람의 눈을 멀게 하여 타락하게 한다.

돈은 모으기도 어렵지만 지키기는 더 어렵다.
돈은 탐욕과 감각적 쾌락을 추구하는 속성이 있어
잠시도 머물기를 원치 않아 괴로움을 불러온다.

돈이 사람을 살릴 수도 있지만 죽일 수도 있다.
돈으로 물질을 살 수는 있지만 지혜를 살 수는 없다.
돈의 속성을 아는 사람은 돈을 집착하지 않는다.

돈에는 사랑과 헌신의 요소가 있다.
돈이 있어 남에게 베풀 수 있으므로
자신을 따뜻하게 하고 남을 따뜻하게 한다.

불완전

누구도 완전할 수 없습니다.
다만 완전을 향해서 갈 뿐입니다.

상대가 완전하기를 바라지 마십시오.
완전하기를 바라는 것이 욕망입니다.

그에게도 자신의 입장이 있으며
자신도 불완전하기는 마찬가지입니다.

무엇이나 절대를 추구하지 마십시오.
좋게 보면 그만한 사람도 없습니다.

상대로 인해 불편해진 것은
자신의 마음이 일으킨 것입니다.

조건

산에는 풀과 나무가 있어
곤충이 있고 새들이 있다.

새싹이 돋아나면 낙엽이 되고
왔던 새들도 때가 되면 떠나간다.

모든 것은 일어나면 사라지고
사라지면 다시 일어난다.

조건에 의해 일어난 것이 번뇌며
조건이 끊어져 버린 것이 행복이다.

세상에는 세상의 조건이 있고
자신에게는 자신의 조건이 있다.

인간과 동물

인간이 동물이 될 수도 있고
동물이 인간이 될 수도 있다.

자신이 선택한 행동에 따라
그 결과가 주어진다.

현재의 마음이 미혹하여 동물적이면
살아서도 동물이고 죽어서도 동물이 된다.

오계를 지키면 인간으로 태어나지만
게으름과 탐욕을 부리면 동물로 태어난다.

동물은 업에 따라 삶이 결정되지만
인간은 행복과 불행을 선택 할 수 있다.

몸과 마음의 아름다움

얼굴을 아름답게 하려고
화장을 하며 노력을 한다.

얼굴을 아름답게 하듯이
마음도 아름답게 해야 한다.

마음이 몸을 이끌기 때문에
몸보다 마음이 아름다워야 한다.

마음이 선하고 아름다우면
몸도 아름다워진다.

기다림

일을 해야 할 때와 기다려야 할 때가 있다.
기다리는 것도 일을 하는 것이다.

수행을 하자마자 잘되기를 바라지 마라.
수행이란 기다리는 것이다.

기다리면 마음이 고요해져서
법을 보는 지혜가 생긴다.

과정

잘못이 있어서 개선되고 발전한다.
잘못되었다고 해서 끝난 것이 아니다.

잘못된 결과는 이미 과거의 일이다.
수행자는 새로운 원인을 만들어야 한다.

실패도 하나의 과정이며
성공도 하나의 과정이다.

한순간이 다음 순간이 되듯이
과정이 연속되는 것만 있다.

나눔

나의 이익만을 추구하면
남의 이익을 허용하지 못한다.

서로가 이익을 나눌 수 없으면
자애가 없어 선하지 못한 행이다.

수행자의 정신세계는
나와 남의 이익을 공유한다.

진리는 아무리 퍼가도 줄지 않아
누구하고나 나누어 가질 수 있다.

젊음과 연륜

젊음이란 욕망을 키우며
사는 것이고,

연륜이란 욕망을 빼며
사는 것이다.

잊어야지

'잊어야지' 라고 말하는 것은
'잊지 말아야지' 라고 하는 것이다.

'죽어야지' 라고 말하는 것은
'살아야지' 라고 하는 것이다.

부정은 긍정을 위한 것이고
절대 부정은 절대 긍정을 위한 것이다.

잘못

잘못이라고 단정하고
핍박하지 마라.

몰라서 그랬다.
이제 알면 된 것이다.

잘못은 원인이 있어서 생긴 결과고
이미 과거의 일이다.

바꿀 수 없는 과거에 매달리는 것은
또 다른 탐욕이며 어리석음이다.

독과 진실

잘못된 것을 옳다고 하는 사람은
어디를 가도 따뜻하게 대접받지 못한다.
유신견이라는 독을 가졌기 때문이다.

잘못을 시인하고 반성하는 사람은
어디를 가도 따뜻하게 대접을 받는다.
그에게는 진실이 있기 때문이다.

할 일

해야 할 일이라서 해야 한다.
욕망으로 해서는 안된다.

결과를 기대하고 일을 하면
욕망이 생겨 고통이 따른다.

그냥 알아차리면서 하면
즐겁지 않은 일도 즐거워진다.

해야 할 일을 하는 것이 즐거움이며
결과를 바라는 것은 괴로움이다.

예쁜 얼굴

얼굴은 예쁜데 하는 짓은 밉다고 하지 마십시오.
얼굴도 행위도 그 사람의 일입니다.

말하는 자신이 미운짓을 하는지
비난하는 마음을 알아 차리십시오.

예쁜 얼굴은 과보로 받은 것입니다.
과보와 현재의 행동은 다른 것입니다.

남의 일을 참견하지 마십시요.
비난하는 과보로 다음생에 밉게 태어납니다.

부자와 가난한 자

부자와 가난은 물질로 구별되지 않고
마음가짐으로 나뉜다.

마음이 부자면 부자이고
마음이 가난하면 가난한 자이다.

베풀고 사는 마음이 부자며
베풀지 못하는 마음이 가난하다.

선한 마음은 물질이 없어도 행복하지만
선하지 못한 마음은 물질이 있어도 불행하다.

베푸는 마음이 없으면 가난하게 살고
앞으로도 가난을 면할 길이 없다.

말에 걸리지 마라

한 마디 말에 진의를 담기는 어려우니
상대의 말보다 그 뜻을 주목해야 한다.

상대가 무엇을 말하고자 하는지
왜 그렇게 말하는지를 알아야 한다.

말에는 반어법이 있어
감정을 속이거나 과장할 수도 있다.

말은 사람이 하지만
사실은 습관이 말을 하는 것이다.

말하는 자와 말은 다르므로
말이나 말하는 자에 걸리지 마라.

혼자서

혼자뿐이니 혼자서 가라.
혼자 태어나서 혼자 죽는다.

이 길은 누구와 함께 갈 수 없다.
고독해도 혼자서 가야한다.

괴롭고 슬프지만
누구도 대신해 주지 못한다.

인생은 짧고 괴로움은 길다.
혼자서 가는 수행자가 가장 아름답다.

마음은 늙지 않는다

몸은 늙지만 마음은 늙지 않는다.
몸 때문에 마음이 위축되어서는 안 된다.

몸이 아플 때도
마음이 아프지 말아야 한다.

몸은 늙지만 마음은 늙지 않고
지혜를 쌓아간다.

나이가 많아 일을 못하는 것이 아니고
마음이 일에 관심이 없어진 것이다.

잘못은 기억이다

잘못하는 것보다 잘하는 것이 좋다.
그러나 잘못을 알아차리는 것이 더 좋다.

이미 저지른 잘못을 후회하거나
그 흔적을 지우려고 하지 마라.

잘못한 것을 알아차린 것으로
자신의 역할을 충분히 한 것이다.

잘못을 저지른 것은 과거의 기억이고
그것을 아는 것은 현재의 마음이다.

과거에는 괴로웠지만
그것을 아는 마음은 청정한 것이다.

감사

나한테 잘 해준 사람은
희망을 주어서 감사하고

나한테 잘 못해준 사람은
지혜가 나게 하여 감사하다.

눈 뜬 장님과 혜안

범부는 눈을 뜨고도 진실을 보지 못해
모양만 보고 실재를 모른다.

범부는 몸과 마음을 나라고 알고 집착하여
스스로 괴로움을 만든다.

혜안을 가지면 대상의 진실을 보아
모든 것은 조건에 의해 일어난다고 안다.

깨달음이란 혜안이 생긴 것으로
무상, 고, 무아를 아는 것이다.

몰라서 그랬다

그가 나쁜 것이 아니다.
몰라서 그랬다.

그가 모르는 것이 아니고
그 순간의 마음이 몰라서 그런 것이다.

내가 나쁜 것이 아니다.
몰라서 그랬다.

내가 모르는 것이 아니고
그 순간의 마음이 몰라서 그런 것이다.

눈 맞춤

세간의 관점에 시선을 맞추면
스스로 시비를 일으켜 번뇌를 만든다.
이때는 세상을 보는 마음을 알아차려야 한다.

진리의 관점에 시선을 맞추면
있는 것은 몸과 마음의 실재뿐이며
모두 변하고 모두 고통이며 그 안에 나는 없다.

욕망을 먹다

음식을 먹을 때 지금 무슨 마음으로 먹는지
알아차리고 먹어야 한다.

알아차리지 못하면 탐욕으로 먹으며
음식을 먹는 것이 아니고 탐욕을 먹는다.

탐욕으로 먹으면 과식을 하게 되고
투정을 부려서 불선업을 쌓는다.

알아차리면서 먹으면 수행의 이익이 있으며
음식을 제공한 사람에게 공덕을 갚는다.

'많이 드세요' 하지 말고
'알맞게 드세요' 라고 말해야 한다.

연기

연기란
원인과 결과다.

내가 하고 싶다고 해서
할 수 있는 것이 아니며,

하고 싶지 않다고 해서
하지 않을 수 있는 것이 아니다.

호흡 알아차리기

생명은 호흡과 호흡 사이에 있다.
마지막 호흡이 일어나고 사라진 뒤에
다시 일어나지 않으면 죽는 것이다.

수행은 반드시 대상이 있어야 하며
호흡은 사람이 살아있는 동안
몸에 있는 분명한 대상이라서 알아차린다.

호흡은 일어남, 꺼짐, 쉼의 세 과정이 있다.
일어남을 알아차리고 꺼짐을 알아차린 뒤에
움직임이 없는 쉼의 상태를 알아차려야 한다.

호흡은 몸에서 일어나는 바람의 요소로서
일어나고 꺼지는 느낌이며
매번 일어나는 호흡은 모두 다른 것이다.

호흡은 코, 가슴, 배, 신체의 일부, 전면 중
어느 곳에서 알아차리되
가장 강하게 일어나는 곳에서 알아차린다.

호흡을 인위적으로 만들어서 하면 피곤해지고
부작용이 있으므로 저 스스로 일어나고 꺼지는
자연스런 호흡을 알아차려야 한다.

좌선을 할 때 주 대상이 호흡이지만
다른 강한 대상이 나타나면 그 대상을 알아차린다.
강한 그 대상이 사라지면 다시 호흡을 알아차린다.

호흡의 성품은 일어나고 사라지는 무상이다.
호흡 하나에 위대한 성자들의 깨달음이 있으며
탐욕, 성냄, 어리석음이 불타버린 열반이 있다.

세상

세상에서의 성공은 부귀영화를 누리고
병 없이 건강하고 오래 사는 것이다.

이러한 삶은 모두 탐욕이며
욕심만큼 충족되지 않았을 때는 고통이 따른다.

이것들은 모두 성취했다 해도 만족할 수 없고
언제 빼앗길지 몰라 불안에 떨어야 한다.

이러한 세상에서 사는 것이 괴로움인지 몰라
오래도록 영원히 살고 싶어 하여 윤회를 한다.

극단

한쪽의 극단은 다른 한쪽의 극단을 부른다.
지나치게 누르면 눌린 만큼 반발한다.

절대적인 선을 요구하면
요구한 만큼의 부작용이 따른다.

감각적 욕망이나 극단적 고행으로는
아무 것도 해결할 수 없다.

어느 것에도 치우침이 없는 중도만이
두 가지 극단으로부터 자유롭다.

중도는 팔정도로 계정혜이며
위빠사나 수행을 하는 것이다.

관용

자신의 몸과 마음을 알아차리는 것이
자신을 받아 들이는 것이다.

자신을 받아들이지 못하는 사람은
남도 받아 들이지 못한다.

관용이 있으면 탐욕이 없고 무지가 사라진다.
관용이 없으면 탐욕이 있고 무지가 있다.

관용이 있으면 보시를 하고 계율을 지켜
깨달음에 이르는 지혜가 생긴다.

관념과 실재

자신을 모양으로 보면 평가가 되고
실재하는 성품으로 보면 그냥 사람이다.

남을 관념으로 보면 비교가 되고
실재하는 성품으로 보면 그냥 사람이다.

사람을 관념으로 보면 좋아하거나 미워하지만
실재하는 성품으로 보면 그냥 사람이다.

'나', '너', '우리'는 부르기 위한 명칭이며
실재하는 성품으로 보면 그냥 사람이다.

성별, 나이, 미추, 재산, 지위, 학력은 관념이며
실재하는 성품으로 보면 그냥 사람일 뿐이다.

적정한 이윤

적정한 이윤을 추구하는 것은 선행이나
정도를 벗어난 이윤추구는 불선행이다.

지나친 이윤추구는 화를 부르고
평판이 나빠지며 손실이 따른다.

적정한 이윤은 상호의 신뢰를 구축하여
오히려 더 많은 이익을 얻을 수 있다.

보이는 것보다 보이지 않는 것이 크며
보이지 않는 것이 보이는 것을 지배한다.

지금 당신은 무엇을 원하는가

당신은 괴로움에서 벗어나기를 원하는가.
괴로움에서 벗어나기를 원하지 않는가.

감각적 쾌락 때문에 괴롭다는 것은 알지만
아직 즐길 거리를 놓고 싶은 마음이 없다.

생각은 괴로움에서 벗어나고 싶지만
단지 생각이지 실천할 용기가 없다.

당신은 자유인이 될 지혜를 얻고자 하지 않는다.
당신의 시선은 즐길 거리에 맞추어져 있다.

이제 당신의 집착 때문에 괴롭다고 하지 마라.
죽으면서 눈물을 흘릴 때는 이미 늦었다.

작용에 대한 반작용

모든 작용은 항상 반작용을 수반한다.
작용하지 않아야 반작용이 없다.

모든 하려함에는 하지 않으려 함이 있어서
지나치면 부족함만 못하다.

내가 한다고 생각하면
반드시 작용을 하게 된다.

수행도 하려함이 없이 해야 한다.
단지 대상이 있어서 알아차려야 한다.

작용하지 않는 행위는
거미줄에 걸리지 않는 바람과 같다.

감옥

자기를 인정해 주면 좋아하고
인정해 주지 않으면 싫어한다.

좋아하는 사람만 상대하면
욕망의 감옥에 갇힌 사람이다.

단 하나의 길

행복을 얻는 단 하나의 길은 위빠사나 수행이다.
위빠사나는 기존의 수행방식과 전혀 다르다.

세상을 살아갈 때는 알아차림이 없지만
위빠사나 수행은 일상의 모든 것을 알아차린다.

세상을 살면서 모두 바라는 것뿐이나
위빠사나 수행을 할 때는 바라는 것이 없다.

누구나 잘못된 것을 없애려고 하나
위빠사나 수행은 잘못된 것을 그냥 알아차린다.

세상의 일은 적극적으로 개입을 하지만
위빠사나 수행은 개입하지 않고 분리해서 지켜본다.

살아온 대로 살면 윤회의 괴로움이 있지만
위빠사나 수행을 하면 윤회가 끝나 괴로움이 없다.

일

벌려놓은 일이 많으면
탐욕으로 하지 않는지 알아차려라.

탐욕의 결과는
괴로움이다.

할 일이 많으면
대상으로 알아차려라.

일이라고 생각하면 힘들지만
알아차릴 대상이면 법이다.

허세와 진실

허세로 꾸미는 삶이 있고
진실로 가꾸는 삶이 있다.

허세는 달콤하나 내용이 없고
진실은 쓴 것이나 알차다.

허세는 자기를 속이는 것이고
진실은 자기를 속이지 않는다.

자기를 속이는 자는 남을 속이며
자기와 남에게 모두 버림을 받는다.

진실은 고요함과 평화가 있으므로
자신을 사랑하고 남을 사랑한다.

허세는 가져도 만족하지 못하며
진실은 갖지 않아도 만족한다.

어리석음

괴로움은 집착으로부터 오고
집착은 어리석음으로부터 온다.

어리석음은 좋은 것만 집착하지 않고
괴롭고 슬픈 것도 집착한다.

어리석음은 갖지 말아야 할 것을 갖고
가져야 할 것을 갖지 않는다.

어리석으면 살아서도 축생처럼 살고
죽어서도 다시 축생으로 태어난다.

대상을 알아차리면 어리석지 않고
대상을 알아차리지 못하면 어리석다.

자신부터

자신을 알아차리지 않고
남만 의식하면 사는 것이 아니다.

남을 의식하면
자신의 삶이 아니고
남의 삶을 사는 것이다.

자신을 알아차리면
자신도 이롭고
남에게도 이로움을 준다.

감각적 쾌락

감각적 쾌락은 감각 기관에 대상이 부딪칠 때
일어난 느낌을 집착하는 것이다.

감각적 쾌락은 짧은 순간의 느낌에 불과한데
영원한 것으로 생각하여 집착을 한다.

느낌은 조건에 의해 일어나는데
나의 느낌으로 잘못 알고 집착을 한다.

조건에 의해 일어난 느낌은 조건에 의해 사라지며
내가 느끼는 것이 아니고 감각기관이 느끼는 것이다.

있는 그대로

수행할 때 일어나는 망상, 통증, 졸림은
실재하는 대상이므로 그 자체가 법이다.

실재하는 대상을 알아차릴 때는
있는 그대로 두고 알아차려야 한다.

바라거나 없애려고 하지 않는 것이
있는 그대로 알아차리는 것이다.

대상에 개입하면 탐욕과 성냄이 일어나서
대상이 드러내는 성품을 알 수가 없다.

있는 그대로 보면 대상은 일어나고 사라지며,
해결할 수 있는 내가 없다는 것을 안다.

수행자

수행은 누구나 할 수 있지만
아무나 하지 못한다.

수행은 괴로움이 있고 그 괴로움을
해결하려는 선한 의지가 있어야 한다.

고통 속에서도 선한 마음을 내고
선한 과보가 있어야 수행을 한다.

수행자는 특별한 사람이 아니고
진실하게 살려고 하는 사람이다.

무지와 지혜

무지는 걱정을 사서 즐기며
지혜는 걱정을 끊어 버린다.

무지는 긴장하고 엉겨 붙으며
지혜는 이완하고 소멸시킨다.

무지는 몰라서 당하고 살지만
지혜는 알아서 당하지 않고 산다.

무지는 괴로움을 원하며
지혜는 고요함을 원한다.

사람의 마음

사람으로 태어나기 어렵고
사람답게 살기는 더 어렵다.

사람으로 태어난 것은 마음 때문이며
사람답게 사는 것도 마음 때문이다.

사람이면서 사람의 마음을 가졌는가
사람이면서 축생의 마음을 가졌는가

사람으로 태어난 진정한 사명감은
수행을 해서 지혜를 얻는 것이다.

행복과 불행

행복과 불행은 밖에서 온 느낌이 아니고
자신의 마음이 만든 느낌이다.

불행한 느낌이 일어나도
알아차리면 단지 느낌이다.

행복한 느낌이 일어나도
알아차리지 못하면 불행한 느낌이 된다.

행복과 불행은 나의 행복과 불행이 아니고
조건에 의해 일어나고 사라지는 순간의 느낌이다.

갈채

막이 내리고 공연은 끝났다.
그리고 갈채도 사라졌다.

불이 꺼진 빈 객석에는
어두움과 정적만 남았다.

막이 내렸지만 나는 아직도 주인공이고
아직도 뜨거운 갈채를 받고 있다.

오래 전에 환호가 사라졌지만
나는 그것을 받아들이지 않는다.

그래서 나의 삶은
항상 고단하다.

참회

누구나 잘못을 저지르고 산다.
그래서 누구나 참회해야 한다.

참회는 잘못을 반성하는 선한 행위로
개선하려고 노력하는 것이다.

참회는 믿음과 양심을 가진 행위로
부끄러움을 알아 관용과 자애를 갖는 것이다.

참회한다고 해결되는 것은 아니지만
참회가 없이는 깨달음의 길로 가지 못한다.

후회는 못 이룬 것을 아쉽게 여기고
참회는 경험을 살려 좋은 미래를 지향한다.

자아

괴로울 때 괴로워하는 마음을 보라.
거기에는 항상 자아가 있다.

내 몸과 마음이라는 생각 때문에
집착을 하여 괴로움이 생긴다.

대상을 알아차리는 순간에는 내가 없어
번뇌가 들어올 틈이 생기지 않는다.

내가 있는 순간부터 번뇌가 시작되며
무아를 아는 순간부터 자유를 얻는다.

자애

다른 사람에게 자애를 보낼 때는
먼저 자신의 마음을 알아차려야 한다.

들뜨고 악의에 찬 상태에서 자애를 보내면
들뜨고 악의에 찬 마음이 전해진다.

먼저 자신의 마음을 알아차려서
청정한 마음으로 수행을 해야 한다.

자신의 마음을 알아차려서 평온해야
자애가 넘쳐 상대에게 전해진다.

자애는 자신의 몸과 마음을 알아차려서
번뇌가 소멸되었을 때 일어난다.

긍정과 부정

지나친 긍정은 부정을 숨기고 있다.
지나친 것은 다른 목적이 있다.

정도를 넘어선 것은 진실이 아니다.
있는 그대로가 진실이다.

긍정하는 것도 습관이며
부정하는 것도 습관이다.

위빠사나 수행의 알아차림은
양극단이 아닌 중도의 마음이다.

마음가짐

무슨 일이 생길 때마다 상황 탓을 하지 마라.
상황은 조건이며 해결은 자신의 마음이 한다.

괴로움이 생길 때 알아차리면
오히려 지혜를 얻을 수 있다.

괴롭지 않을 때는 자만에 빠지고
무기력해질 수가 있다.

불행한 과정이 없으면 행복을 모르며
괴로움 없이는 즐거움을 알 수 없다.

마음이 이끈다

슬플 때 견디지 못하는 마음이나
즐거울 때 좋아하는 마음이나
있는 그대로 알아차려야 한다.

자신의 마음을 알아차려서
내면의 평화를 얻어야 한다.
마음이 모든 것을 이끈다.

선한 마음이 건강한 몸을 만들고
선하지 못한 마음이 병든 몸을 만든다.
행복과 불행은 마음이 만든다.

진정한 관용

관용은 이익이 있는 일을 받아들이는 것뿐만 아니라
손실이 있는 일조차 기꺼이 받아들이는 것이다.

자아가 강한 사람에게는 관용이 생기기 어려우며
선한 마음을 가져야만 관용이 생긴다.

받아들였을 때 가장 큰 이익을 보는 사람은
바로 받아들인 자기 자신이다.

생각으로 받아들이는 것은 관용이 아니다.
위빠사나의 지혜로 통찰해야 진정한 관용이다.

법

법을 모르는 사람에게
법을 모른다고 비난하면,

비난하는 사람이
법을 모르는 사람이다.

정신질환자와 미아

탐진치를 가지고 있으면
정신질환을 앓는 사람이다.

정신질환을 앓고 있으면
갈곳을 모르는 미아로 산다.

갈곳을 모르는 미아는
고통스러운 윤회를 계속한다.

때로는 지옥에서 때로는 축생으로
때로는 아귀나 아수라로 영원히 방황한다.

한 번 먹은 마음

한 번 선한 마음을 먹으면
열 가지 선한 일이 생긴다.

마음은 일어났다가 사라지면서
종자가 있어 다음 마음에 전해진다.

한 번 불선한 마음을 먹으면
열 가지 불선한 일이 생긴다.

마음은 일어났다가 사라지지만
과보가 있어 다음 마음에 전해진다.

선한 마음은 가속도가 있어 더 선해지며
불선한 마음은 가속도가 있어 더 나빠진다.

반전

인간의 삶은 기승전결이 있는 드라마다.
자신이 각본을 써서 삶의 내용을 반전시켜라.

지나간 과거는 빛바랜 사진이다.
과거를 가슴에 묻고 살지 마라.

어리석은 삶에서 지혜가 있는 삶으로
양심없음에서 양심있음으로 바꾸어라.

믿음이 없는 삶에서 믿음을 가지면 기쁨이 있고
알아차림이 없는 삶에서 알아차리면 해탈이 있다.

반전시키는 기회는 인간만의 특권이다.
있는 그대로 알아차려서 반전의 원고를 써라.

욕망

개미가 꿀을 먹으려다가 꿀에 빠져 죽는다.
감각적 욕망은 단맛만 알고 죽는 위험을 모른다.

욕망은 불을 향해 달려드는 나방과 같아
좋아하는 것을 집착하면 불행한 결과만 있다.

욕망은 무지의 뿌리에서 자라며
욕망이 욕망을 먹고 더 커진다.

욕망은 누구나 가지고 있는 법이므로
없애야 할 대상이 아니고 알아차릴 대상이다.

욕망의 시작은 사소한 것으로부터 출발하지만
끝내는 스스로 감당하지 못하는 무게가 된다.

욕망은 미세한 것, 중간 것, 거친 것으로 다양하여
미세한 욕망은 있는지도 모른다.

욕망은 고기가 석쇠에 달라붙듯이 엉기는 성질이 있고

포기하지 않는 특성이 있어 제어하기가 힘들다.

욕망은 세상을 사는 힘이고 수행의 힘이기도 하며
좋은 쪽으로 사용되기도 하고 나쁜 쪽으로도 사용된다.

욕망을 나쁜 쪽으로 사용하면 불선업의 과보를 받고
선한 쪽으로 사용하면 선업의 과보를 받는다.

욕망을 없애려고 다시 욕망을 사용해서는 안 된다.
욕망을 없애려고 하면 오히려 욕망의 덫에 걸린다.

욕망은 오랜 세월 동안 키워 온 힘이 있으므로
단지 욕망을 알아차리는 것으로 대응해야 한다.

나와 남의 잘못

사람들은 자신의 잘못에는 관대하지만
남의 잘못에 대해서는 관대하지 못하다.

자신의 잘못에 대하여 관대하듯이
남의 잘못에도 관대해야 한다.

잘못을 후회하거나 비난하는 것으로는
결코 좋은 결과를 얻을 수 없다.

후회 대신에 알아차려서 지혜가 나야 하며
비난 대신에 자애를 일으켜 선해져야 한다.

노력

수행은 노력을 하는 것으로부터 시작하여
노력하는 것으로 끝이 난다.

먼저 대상을 알아차리기 위해서 노력하고
알아차림이 지속되도록 노력해야 한다.

알아차려서 집중되어야 지혜가 나며
지혜가 나야 괴로움이 소멸된다.

마음의 노력은 현재의 마음을 알아차리는 것이고
몸의 노력은 경행과 몸을 알아차리는 것이다.

노력이 지나치면 들뜨고 산만해지므로
현악기의 줄처럼 알맞게 조율해야 한다.

게으름

게으름은 정신이 해이된 상태며
수행 중에는 졸음의 원인이다.

게으르면 노력하기를 싫어하고
변화를 두려워해서 발전할 수 없다.

게으름은 스스로를 감옥에 가두고
죄수가 되기를 자청하는 것이다.

게으름은 게으름을 먹고 더 왕성해지므로
게으른 것을 알아차려야 한다.

성격과 습관

성격은 습관이며 마음가짐이다.
성격이 습관을 만들고 습관이 성격을 만든다.

성격이 나쁘면 좋지 않은 습관이 있고
좋지 않은 습관은 성격을 더 나쁘게 한다.

성격이 좋으면 좋은 습관이 있고
좋은 습관은 더 좋은 성격을 만든다.

성격이나 습관은 잠재적 성향이라서
쉽게 바뀌지 않는다.

바뀌지 않는 것을 바꾸려 하면 괴로우니
단지 대상으로 알아차려야 한다.

결점

자신의 결점은 고치려 하지 마라.
단지 있는 것을 그대로 알아차려야 한다.

고칠 수 없는 결점을 고치려 하면 더 나빠진다.
단지 알아차리는 것으로 그쳐야한다.

자신의 결점이 부정적인 쪽에서는 결점이지만
긍정적인 쪽에서는 장점이 될 수도 있다.

누구나 결점이 있어서 실수를 하지만
실수를 통해서 지혜가 성숙된다.

결점을 자랑할 필요도 없지만 결점을 숨길 것도 없다.
결점은 있는 그대로 알아차리는 것만이 방법이다.

재산

인간의 재산은 물질이 아니고
선한 마음이다.

죽을 때 가지고 가는 선업의 과보가
진정한 재산이다.

오계를 지키면 인간으로 태어나고
화를 많이 내면 아수라로 태어난다.

탐욕스럽고 무지하면 축생으로 태어나고
인색하고 집착 하면 아귀로 태어난다.

살생과 나쁜 짓을 하면 고통스럽게 죽고
지옥에 태어나는 과보를 받는다.

믿음을 갖고 보시를 하고 계율을 지키면
여섯 개의 욕계천상에 태어난다.

색계선정 수행을 하면 색계천에 태어나고

무색계선정 수행을 하면 무색계천에 태어난다.

위빠사나 수행으로 지혜를 얻어 집착이 끊어지면
번뇌가 불타버린 열반을 성취하여 윤회가 끝난다.

사악도에는 불행만 있고 천상에는 행복만 있으며
오직 인간에게만 행복과 불행이 공존한다.

사악도는 업의 과보에 따라 수명이 결정되며
천상은 각각의 세계마다 정해진 수명이 있다.

인간은 수명대로 살거나 업의 과보로 결정된다.
모든 생명 중에서 오직 인간만 수행할 수 있다.

오계를 지켜 인간으로 태어나는 것이 재산이며
수행을 하여 열반을 성취하는 것이 가장 큰 재산이다.

부자

재산을 가진 자는 재산을 불리기 위해
인색한 마음으로 탐욕을 부리기 때문에
오히려 마음이 가난하다.

지위를 가진 자는 지위를 유지하기 위해
항상 남과 대립을 하므로
오히려 마음이 가난하다.

무슨 일을 하거나 열심히 노력해서
일한 만큼 적절한 대가를 얻고
감사하게 여기는 사람이 부자다.

진정한 부자는 남을 돕는 사람
계율을 지켜서 몸과 마음이 청정한 사람
수행을 해서 지혜가 충만한 사람이다.

깨진 종처럼

자신을 비난하면
즉시 불쾌해진다.

비난을 받을 때는
비난 받을 만한 상황이 있다.

상대가 말한 비난은 그의 행위이므로
내가 관여할 일이 아니다.

비난을 받았을 때는
자신의 마음을 알아차려야 한다.

자신을 비난했을 때 깨진 종처럼
반응하지 않는 것이 깨달음이다.

보이지 않는 이익

보이는 이익보다 보이지 않는 이익이 크다.
수행자는 보이지 않는 이익을 취한다.

보이는 이익은 관념이고
보이지 않는 이익은 지혜다.

집착을 하면 보이는 이익을 얻지만
지혜가 있으면 보이지 않는 이익을 얻는다.

진실

진실하면 못 가진 것을 부끄러워하지 않고
가진 것을 자랑하지 않는다.

진실하면 있는 그대로 보기 때문에
나와 남의 경계가 허물어진다.

진실하면 스스로 만족할 줄 알아
다른 사람의 신뢰를 받는다.

진실하면 평판이 좋아 기회가 오고
하는 일이 순조롭다.

진실해야 실재를 보며
실재를 보아야 진실을 안다.

수행을 한다는 것은
오직 진실해지기 위한 것이다.

본심

좋을 때 하는 말을
믿어서는 안 된다.

좋지 않을 때 하는 말에
본심이 담겨 있다.

숨겨진 마음은 좋지 않을 때
더 분명하게 드러난다.

만남과 헤어짐

만남에 취하지 말고 헤어짐을 슬퍼하지 마라.
조건이 성숙되어서 만나고 헤어진다.

만남은 헤어지는 것을 전제로 한다.
헤어짐이 슬픈 것은 만남을 집착한 것이다.

만남과 헤어짐은 원인이 있어 생긴 결과이므로
저 스스로 흘러가도록 두어야 한다.

이익과 손실

이익은 즐거운 것이라서 누구나 원하며
손실은 괴로운 것이라 누구도 원치 않는다.

이익과 손실은 항상 있는 일이라서
즐겁거나 괴로워할 것이 없다.

이익의 기쁨에 취하지 않아야
손실의 괴로움을 겪지 않는다.

손실이 있어서 이익을 도모하려고
참고 노력하여 발전을 한다.

병의 치유

생명을 가졌으면 모두 병이 있다.
태어나서 늙고 죽는 것이 모두 병이다.

병은 몸의 병과 마음의 병이 있는데
먼저 마음의 병을 치유해야한다.

몸이 아플 때
마음이 아프지 않아야 하고

마음이 아플 때
몸이 아프지 않아야 한다.

있는 그대로 알아차려야
몸과 마음의 병을 치유한다.

술과 담배

술과 담배는 느낌이고
감각적 욕망이다.

술을 마실 때 술을 마시지 않고
느낌을 마시고 욕망을 마신다.

담배를 피울 때 담배를 피우지 않고
느낌을 피우고 욕망을 피운다.

술은 정신을 흐리게 하여
알아차림을 방해한다.

담배는 감각적 쾌락을 추구하여
욕망의 노예가 되도록 한다.

술과 담배는 한 순간의 느낌이다.
순간의 느낌을 위해서 목숨을 걸지마라.

비난

모르는 사람은 잘못을 보고
무조건 비난하지만

아는 사람은 잘못을 보고
몰라서 그랬다고 이해한다.

행복의 조건

행복은 현재에만 있다.
과거는 후회이고 미래는 두려움이다.

현재의 몸과 마음을 알아차릴 때
자유와 행복을 얻는다.

오직 현재를 알아차리는 것이
깨달음으로 가는 유일한 길이다.

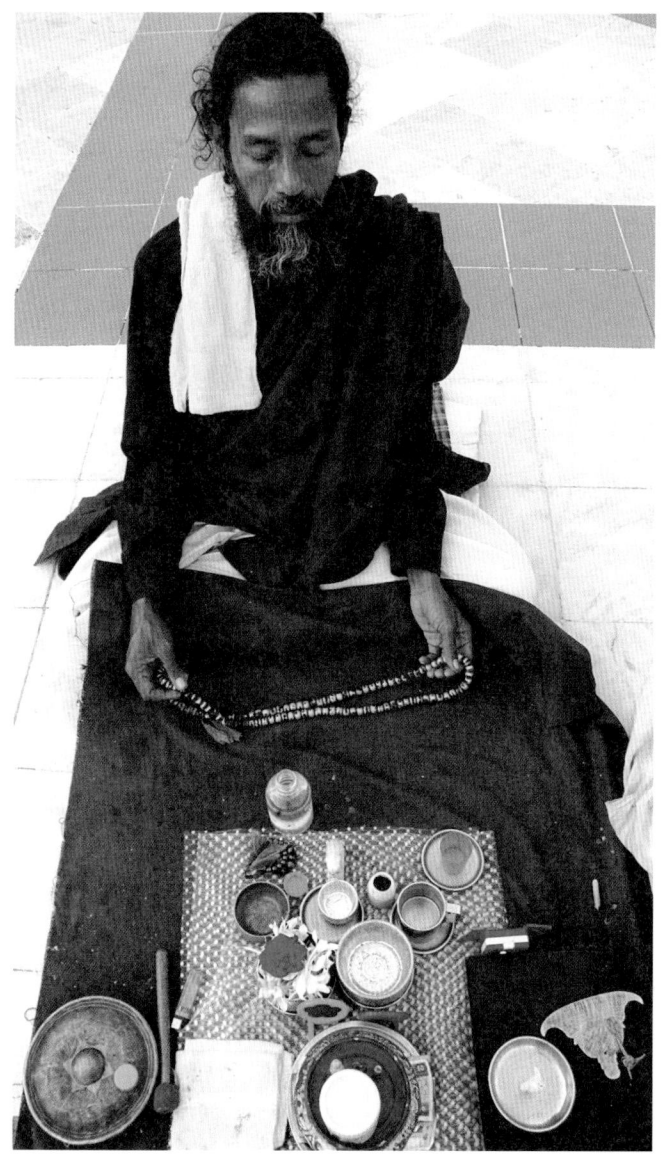

불평

불평은 탐욕 때문에 일어나며
욕구가 충족되지 않아서 한다.

불평은 불선업이며
나와 남을 함께 오염시킨다.

불평은 습관이며
또 다른 감각적 쾌락이다.

불평의 원인이 밖에 있지 않고
오직 자신의 마음가짐에 있다.

범부와 수행자

범부는 알아차리지 못해
과거에 머물러 후회를 하고
미래의 걱정으로 지샌다.

수행자는 대상을 알아차려서
과거는 지나간 것이고
미래는 오지 않은 것을 안다.

수행은 과거나 미래가 아닌
오직 현재에 머물기 때문에
후회가 지혜로, 걱정이 희망으로 바뀐다.

순환

이익이 있어서 손실이 있고
손실이 있어서 이익이 있다.

명예가 있어서 불명예가 있고
불명예가 있어서 명예가 있다.

칭찬이 있어서 비난이 있고
비난이 있어서 칭찬이 있다.

행복이 있어서 불행이 있고
불행이 있어서 행복이 있다.

성공이 있어서 실패가 있고
실패가 있어서 성공이 있다.

아만심

내가 있어야만 된다는 생각은 아만심이다.
내가 없으면 일이 더 잘 될 수도 있다.

남이 나를 필요로 하는 사람이 되어야지
내가 있어야만 된다고 생각하지 마라.

나밖에 없다는 교만한 마음을 가지면
다른 사람들로부터 환영받지 못한다.

스스로를 낮추면 오히려 높아지고
스스로를 높이면 오히려 낮아진다.

자기 자존심을 세우는 일에 힘쓰지 말고
지혜를 계발하는 일에 힘써야 한다.

이상과 결과

오늘 얻지 못했다고 해서 아쉬워하지 마라.
마음이 얻고자 했다면 이미 얻은 것이다.

만족할 수 없기 때문에 아쉬워하는 것이다.
만족할 수 있도록 얻기를 원해서는 안 된다.

최상을 얻으려고 하면 욕망의 덫에 걸린다.
이상은 세우되 결과는 중요하지 않다.

지금 이 순간에 무엇을 했는가가 중요하다.
결과는 자신이 개입할 수 없는 것이다.

자신의 뜻으로 무엇이나 얻고자 하지만
결과는 나에 의해 만들어지는 것이 아니다.

결과는 조건이 충족되었을 때 자연스럽게
나타나므로 결과에 연연해서는 안 된다.

세속의 행복

세속의 행복은 건강, 재산, 직업, 아름다움, 활력,
장수, 봉사, 가족과 친지들과의 화목 하는 것이다.

행복은 이것들을 적절하게 누리는 것이며
자신이 누린 것을 소중하게 여겨 남과 함께 나눈다.

행복은 다른 사람에게 빚을 지고 살지 않는 것이며
은혜를 입었으면 갚는 것이다.

행복은 남에게 비난 받지 않고 살아가는 것이다.
비난 대신 존경을 받으면 자신도 즐겁고 남도 즐겁다.

행복은 자신의 노력으로 만들어지며
자신만 지킬 수 있다.

어리석음과 현명함

어리석어서 잘못을 되풀이 하지만
현명하면 잘못을 되풀이 하지 않는다.

어리석으면 불필요한 일로 늘 분주하지만
현명하면 필요한 일만 해서 고요하다.

어리석으면 욕망이 많아 화를 내지만
현명하면 분수를 지켜 화를 내지 않는다.

어리석으면 괴로움을 없애려고 노력하지만
현명하면 괴로움이 있는 것을 받아들인다.

어리석으면 모든 것이 영원하다고 알지만
현명하면 모든 것이 생멸한다고 안다.

남의 말

남이 생각으로 한 말
알지 못하고 한 말은
모두 남의 말이다.

남의 말을 맹목적으로 따르거나
자기의 견해와 다르다고
배척해서도 안 된다.

훌륭한 것이 진리는 아니며
역사적이라고 해서 바른 것이 아니다.
진실은 대상의 성품에 있다.

빈자리

당신은 행복을 원하면서
불행을 향해서 가고 있다.

감각적 욕망을 추구하면서
악한 의도를 가지고 산다.

일상은 게으름에 빠져있고
들뜨고 의심에 가득 차 있다.

지금 당신의 마음에
행복이 들어설 틈이 없다.

이제 행복이 들어올
빈자리를 만들어야 한다.

살아온 습관대로 살면
영원히 행복할 수 없다.

반복

좋거나 나쁜 일은 언제라도 일어난다.
모든 것은 과정이고 끝없이 반복된다.

조금 전에 좋은 일이 일어났지만
조금 뒤에 나쁜 일이 일어날 수 있으며

오늘은 좋았지만 내일은 나쁠 수도 있다.
무엇이나 항상 하는 것은 없다.

바른 일을 좋아하면 바른 일이 반복되며
나쁜 일을 좋아하면 나쁜 일이 반복된다.

반복되는 것들의 성품을 알아차리면
집착이 끊어지고 반복도 끊어진다.

하루의 시작과 끝

잠자리에서 깨어나면
먼저 마음을 알아차린다.

그리고 조용히 배에서
일어나고 꺼지는 호흡을 알아차린다.

하루를 시작하는 마음을 알아차리면
하루를 선한 마음으로 산다.

저녁 잠자리에 들 때도
어떤 마음인지 알아차린다.

그리고 조용히 배에서
일어나고 꺼지는 호흡을 알아차린다.

하루를 마무리하는 마음을 알아차리면
선한 마음으로 숙면을 취한다.

잘나고 못난 것

잘난 것이 못난 것이고
못난 것이 잘난 것이다.

잘났다고 생각하는 사람은
오히려 못난 사람이다.

못났다고 생각하는 사람은
오히려 잘난 사람이다.

많이 안다고 잘난 것이 아니다.
지혜가 있어야 잘난 것이다.

잘난 사람이 겸손하면 더 잘난 사람이고
못난 사람이 비관하면 더 못난 사람이다.

독선

나 혼자만 옳다고 주장하는 것은
무지의 유형 중에서 가장 큰 것이다.

나의 독선은 남에게 고통을 주며
자신이 피해를 입는다.

나의 독선이 남을 병들게 하며
자신의 독선으로 자신이 병든다.

탐욕과 성냄과 어리석음은
있을 때도 있고 없을 때도 있지만

독선은 축적된 성향이라서
윤회계를 떠날 수 없다.

바보

자신이 바보인 것을 모르고
똑똑하다고 생각하면 가장 큰 바보다.

자신이 바보인 것을 알고
침묵을 하면 조금 덜한 바보다.

자신이 바보라고 알아차리고
진실을 알려고 하면 바보가 아니다.

몰라서 미혹에 빠져 있으면 바보지만
모른다는 것을 알면 바보가 아니다.

감각적 욕망을 추구하는 바보가
갈애를 일으키지 않으면 깨달은 자다.

220

도움

도움을 달라고 손을 내밀었는데도
도와주지 않는다고 화를 내지 마라.
아직 조건이 성숙되지 않은 것이다.

어려울 때 남이 도와주지 않는 것은
상대에게 문제가 있는 것이 아니고
자신에게 문제가 있는 것이다.

남이 나를 도와주지 않는다고 해서
화를 내거나 섭섭하게 여기면
도움을 받을 자격이 없는 사람이다.

남의 도움을 받아서 잘 될 수도 있고
도움으로 인해 더 잘못될 수도 있으며
도움을 받지 못해 더 잘될 수도 있다.

어리석은 자

어리석은 자는 무지가 눈을 가려서 행복을 모른다.
모르기 때문에 행복이 아닌 고통을 찾는다.

어리석은 자는 양심과 수치심이 없으며
게으르고 들떠서 탐욕과 성냄을 일삼는다.

어리석음은 강력한 힘이 있어 잘못된 견해와
자만, 질투, 인색, 후회, 나태, 혼침, 의심과 함께 있다.

번뇌를 가진 자는 번뇌가 불타버린 세계를 알지 못하며
어떻게 불태우는지 알 수 없어 계속 어리석게 산다.

돈의 기능

돈은 생계의 수단으로 필요한 것이라서
순기능을 하나 잘못하면 역기능도 한다.

돈은 필요하지만 돈이 목표가 되어서는 안 된다.
돈은 수단이며 일한 결과로 얻어야 한다.

돈이 목표면 탐욕이 생겨 불선업을 짓고
모았다 해도 불선업의 과보로 불행하다.

돈은 모으기도 어렵지만 지키기가 더 어려운 것은
돈에는 교만과 쾌락을 추구하는 속성이 있기 때문이다.

열심히 일해서 얻은 돈을 남을 위해서 바르게 쓰면
그것은 이미 돈의 가치를 넘어 행복 만드는 보배다.

망상과 지혜

망상이나 지혜는 모두 알아차릴 대상이다.
대상은 좋고 나쁜 것이 없다.

망상은 알아차리지 못해서 나타나고
지혜는 알아차린 결과로 나타난다.

망상은 현재가 아닌 과거나 미래를 생각하여 괴롭고
지혜는 현재에 있는 실재를 보아 번뇌를 끊는다.

망상을 없애려고 하면 항상 더 큰 망상이 뒤따른다.
망상은 단지 알아차릴 대상이라고 아는 것이 지혜다.

지혜가 생겨도 알아차리지 못하면 망상에 빠지며
지혜가 지나치면 간교해져서 망상을 일으킨다.

다툼

수행을 할 때 나타나는 망상, 통증, 졸음, 가려움은
싸워야 할 대상이 아니고 알아차려야 할 대상이다.

싸우는 것은 대상과 하나가 되어 반응을 한 것이고
싸우지 않을 때는 대상을 분리해서 알아차린 것이다.

모든 다툼에는 어리석음과 집착이 있으며
다툼이 없어야 바르게 대상을 알아차릴 수 있다.

승리와 패배가 있는 싸움은 세속적인 삶의 방식이지만
수행은 다툼이 없고 알아차림만 있는 출세간의 방식이다.

미소

나는 누구를 원망하거나 미워하지 않아
아무런 걱정이 없습니다.
그래서 언제나 미소 지을 수 있습니다.

나는 명예나 재산을 얻으려고 집착하지 않아
아무런 괴로움이 없습니다.
그래서 언제나 미소 지을 수 있습니다.

나는 지나간 과거를 후회하지 않고
오지 않은 미래를 걱정하지 않습니다.
그래서 언제나 미소 지을 수 있습니다.

나는 과거의 원인으로부터 와서
미래의 결과로 가서 죽음이 두렵지 않습니다.
그래서 언제나 미소 지을 수 있습니다.

사람 값

사람으로 태어났으면 사람값을 하고 살아야 한다.
가치가 있는 사람값은 의식을 고양시키는 것이다.

인간이 추구하는 부귀영화는 영원한 것이 아니며
그것 자체가 감각적 욕망으로 괴로움 뿐이다.

많은 생명 중에서 사람으로 태어나기가 어려우며
거의 지옥, 축생, 아귀, 아수라의 생명으로 태어난다.

사람으로 태어나기 어려운 이 소중한 기회에
열심히 수행을 해서 의식을 고양시켜야 한다.

인간으로 태어난 것은 수행을 할 권리가 부여된 것이다.
이 권리를 의무로 삼을 때만이 고귀한 삶을 살 수가 있다.

하려함이 없는 알아차림

위빠사나 수행의 알아차림은 하려함이 없이
단지 대상이 있어서 알아차리는 수행이다.

모든 작용에는 반드시 반작용이 있지만
하려함이 없이 알아차리면 반작용이 없다.

하려함이 있으면 좋은 뜻으로 했어도
부작용이 생겨 결과가 나쁘다.

이 부작용을 줄이려면 대상에 개입하지 않고
있는 그대로 알아차려야 한다.

하려함이 없이 알아차리는 것이 지혜이며
이렇게 알아차릴 때만이 바른 알아차림이다.

쉽지 않은 것

가장 하기 어려운 것을 해야
가장 좋은 결과를 얻는다.

하기 어려운 일 중에
가장 어려운 일이 수행이다.

수행은 바라고 없애려는 마음을
지켜보는 마음으로 바꾸는 것이다.

새로운 습관을 만들려면
합당한 대가를 치러야한다,

매 순간의 생일

마음은 매 순간 일어나고 사라진 뒤에
새로운 마음이 일어난다.

앞에 있는 마음과 나중에 생긴 마음은
같은 마음이 아니고 다른 마음이다.

마음에는 종자가 있어서
다음 마음에 정보를 전하고 사라진다.

매년 생일이 있고 새해가 있지만
매 순간이 생일이고 새해다.

받아들임

관용은 자신과 무관한 일을 받아들이는 것보다
피해를 입는 것도 받아들이는 것이다.

받아들인다고 해서 잘못을 인정하는 것이 아니고
잘못도 자애로 포용하는 것이다.

내가 선하다고 잘못된 것을 비판하지 말고
단지 몰라서 그랬다고 알아차려야한다.

받아들여야 자신이 변하며
받아들여야 상대를 변화시킨다.

새로운 조건

살고 싶지 않아도 살지 않을 수 없습니다.
잘 살고 싶어도 잘 살 수 없습니다.

걱정한다고 해서 안 될 일이 되지 않습니다.
오히려 걱정을 하면 될 일이 안 됩니다.

내 마음이 있다면 무엇이나 하겠지만
그런 나의 마음은 없습니다.

마음은 있어도 조건에 의해 항상 변하므로
내가 할 일은 새로운 조건을 만드는 것입니다.

있는 것을 있는 그대로 두고 알아차리는 것이
가장 이상적인 새로운 조건을 만드는 것입니다.

욕망의 배경

살아가면서 생긴 모든 욕망과 성냄의 배경에는
반드시 나라고 하는 자아가 있다.

내 것으로 만들기 위해서 욕심을 부리고
내 뜻대로 되지 않아서 화를 낸다.

나는 단지 부르기 위한 명칭에 불과하며
실재하는 것은 매순간 생멸하는 정신과 물질이다.

자동차의 부속들이 모여서 자동차가 되듯이
자동차는 단지 부르기 위한 명칭일 뿐이다.

나, 너, 우리라는 자아가 욕망을 일으키므로
유신견이 모든 괴로움의 원인이다.

성

당신의 성은 얼마나 견고한가
당신의 성은 욕망으로 구축 된 성인가

혹시 누군가가 당신을 비난했을 때
그 성은 무참히 무너져 버리지 않았는가

아상은 반대를 용납하지 못하고
스스로 속단하고 감정적인 결론을 내린다.

아상은 스스로가 싸우기를 좋아하기 때문에
자기만 아는 가장 취약한 성이다.

성이 없으면 어떤 적에게도 침략당하지 않는다.
이미 그 마음에는 아군과 적군이 없기 때문이다.

목표

목표는 세우되 욕망으로 해서는 안 된다.
그냥 할 일이라서 해야 한다.

목표에 집착하면
본래의 이상이 실종된다.

목표에 함몰되면 관용이 없고
고요함과 지혜가 생기지 않는다.

바른 목표라도 수단이 바르지 못하면
바른 결과를 얻을 수 없다.

성공과 실패

성공이라고 말하면 성공이 아니다.
실패라고 알아차리면 실패가 아니다.

성공했다고 만족하면 실패를 향해서 가며
실패를 인정하면 성공을 향해서 간다.

성공은 윤회를 끊는 수행을 하는 것이고
다시 태어나지 않는 것이 최고의 성공이다.

실패란 선하지 못한 행위를 하여
고통뿐인 악한 세계로 가는 것이다.

성공을 향하는 마음은 알아차림이 있고
실패를 향하는 마음은 알아차림이 없다.

모르는 것과 아는 것

무명은 선을 불선으로 알고, 불선을 선으로 안다.
모르기 때문에 무엇이 바른지 알지 못한다.

무명은 잘못을 저지르고도 잘못인 줄 몰라서
계속해서 같은 잘못을 저지른다.

지혜는 선을 선으로 알고, 불선을 불선으로 안다.
바르게 알기 때문에 불선을 행하지 않는다.

선한 행위를 하는 사람은 할 일을 하는 것이라서
남에게 알려지는 것을 원하지 않는다.

칭찬과 비난

사람들은 그냥 그렇게 말하고 있다.
남이 말하는 칭찬이나 비난에 흔들리지 마라.

남의 칭찬으로부터 자유로울 때
남의 비난으로부터도 자유로울 수 있다.

사람들은 각자의 성향으로 말을 하므로
말한 진의를 알아 걸림이 없어야 한다.

칭찬 속에 비수가 숨겨져 있으며
비난 속에 자애가 담겨져 있다.

칭찬에 취하면 판단이 흐려지고
비난에 반응하면 고통이 따른다.

칭찬이 독이 되어 화를 부르고
비난이 약이 되어 화를 면한다.

관점

내가 아름답다고 말한 것이
남에게는 추하게 보일 수도 있다.

내가 추하다고 말한 것이
남에게는 아름답게 보일 수도 있다.

누구나 자신의 관점을 가지고 있지만
있는 그대로 보면 미추가 없다.

자신의 판단을 과신하지 말고
남의 판단을 탓하지 마라.

새로운 법

당신은 오늘도 얼마나 많은 괴로움을 겪었습니까?
오늘 겪은 괴로움은 당신이 바란 만큼 얻은 것입니다.

만약 당신이 지금처럼 원하는 마음이 없었다면
당신은 아무런 괴로움도 없이 평화로웠을 것입니다.

당신은 오늘도 얼마나 많이 화를 내고 살았습니까?
오늘 당신이 낸 화는 당신이 바랐던 만큼 컸습니다.

만약 당신이 지금처럼 바라지 않고 화를 내지 않았다면
당신은 몸과 마음에 깊은 상처를 입지 않았을 것입니다.

산다는 것은 바람이 있는 것이고 바라는 대로 되지 않아
화를 내게 되고 급기야는 분노의 불길에 휩싸입니다.

지금까지는 어떻게 살아야 하는지 몰라 헤매고 살았지만
이제 번뇌를 끊는 지혜수행의 새로운 법을 만나 보십시오.

가장 큰 족적

남에게 인정받기 위해서 행동하지 마라.
남을 의식하게 되면 허세를 부린다.

허세는 내가 아닌 남의 삶을 사는 것이다.
자신의 내면을 통찰하는 것이 진실한 삶이다.

남을 무시해서는 안 되지만
그렇다고 남만 의식해서도 안 된다.

남에게 인정받고 싶어서 행동했을 때
인정받지 못하면 상대를 부정한다.

족적을 남기려고 하지 마라.
업적을 쌓으려는 욕망이 생긴다.

욕망은 행복을 앗아가고 괴로움을 가져온다.
그냥 자신을 지켜보는 것이 가장 큰 족적이다.

무엇what과 어떻게how

사람들은 무엇이 훌륭하다고 말을 하지만
어떻게 해야 할지는 모른다.

모르기 때문에 생각에 그치고
그 가치를 왜곡한다.

'무엇' 만 있고 '어떻게' 라는 실천이 없으면
관념으로만 알고 진실을 모른다.

무엇은 이루어야 할 미래의 꿈이지만
실천이 없으면 단지 꿈일 뿐이다.

무엇이 좋다고 말하는 것은 관념이다.
어떻게 하는가를 알아 실천하는 것이 실재다.

자신의 몸을 있는 그대로 알아차리고
일하는 마음을 알아차리는 수행을 해야 한다.

물 위에 떠있는 공처럼

2007년 9월 15일 1판 1쇄 발행
2009년 12월 1일 개정판 1쇄 발행

지은이 　 묘원
펴낸이 　 곽준
사 진 　 라상호

펴낸곳 　 (주)도서출판 행복한 숲
등 록 　 2005년 12월 21일 제303-2005-000049호
주 소 　 서울시 강남구 논현동 98-12 청호불교문화원 나동 306호
전 화 　 02-512-5255, 512-5258
팩 스 　 02-512-5856
카 페 　 cafe.daum.net/vipassanacenter
이메일 　 sukha5255@hanmail.net

ⓒ묘원, 2006
ISBN 978-89-955675-7-9　03220

248